CB138926

De: ______________________________

Mãe, o que eu quero que você saiba:

Para MINHA MÃE...

...mensagens do coração sobre amor, vida e o que você me ensinou.

Do original
What every daughter wants her mother to know

(ISBN original 978-1-4022-0813-3)

Produção editorial: *Equipe Elevação*
Tradução: *Dominique Margaret Makins*
Revisão: *Equipe Elevação*
Impressão: *Expressão & Arte Editora e Gráfica*
Diagramação: *Flávio de Oliveira*
Capa: *Alziro Braga*
Imagens: *www.photos.com*

Dados Internacionais de Catalogação na Publicação (CIP)
(Câmara Brasileira do Livro, SP, Brasil)

Sargent, Betty Kelly
Para minha mãe - : mensagens do coração sobre o amor, a vida e tudo o que você me ensinou / Betty Kelly Sargent, Betsy F. Perry ; (tradução Dominique Margaret Makins). - São Paulo : Elevação, 2008.

1. Adolescentes (Meninas) - Relações famíliares 2. Mães 3. Mães - Citações, máximas etc. 4. Mães e filhas I. Título.

08-10574 CDD-808.882

Índices para catálogo sistemático:

1. Mães: Citações: Coletâneas: Literatura 808.882
1. Mães: Máximas: Coletâneas: Literatura 808.882

ISBN 978857513135-0

R. Doraci, 90 — Bom Retiro
São Paulo/SP — Brasil — CEP 01134-050
Tel.: (11) 3358-6875 — Fax: (11) 3358-6869
www.elevacao.com.br
info@elevacao.com.br

BETTY KELLY SARGENT & BETSY F. PERRY

Para MINHA MÃE...

...mensagens do coração sobre amor, vida e o que você me ensinou.

Tradução: *Dominique Margaret Makins*

2ª Edição

ELEVAÇÃO

Para a minha filha Caroline Loomis,
que me ensinou a ouvir.
— B. PERRY

Para a minha filha Elizabeth Lee Kelly,
que me ensinou a amar.
— B. SARGENT

Introdução

Toda mulher é uma filha, e, provavelmente, não há nenhum laço mais forte na natureza do que o que existe entre mães e filhas. Nós nos amamos, nós nos odiamos, nós nos apoiamos, e, ao longo de tudo isso, o impacto que temos na vida uma da outra é enorme. Todas nós temos uma necessidade primordial de ser amadas e apreciadas pelas nossas mães. O carinho e a aceitação de uma mãe, ou a falta disso, às vezes têm mais influência sobre a vida da filha do que qualquer outra coisa. "Como as nossas mães são os nossos primeiros e mais poderosos modelos femininos, os mais profundos sentimentos sobre nós mesmas, como mulheres, vem delas", diz a Dra. Christiane Northrup.

O relacionamento entre mãe e filha nem sempre é tranquilo, mas constantemente profundo. Quantas vezes escutamos mulheres dizerem: "Eu devo tudo o que sou ao amor e à compreensão da minha mãe?!" Ou, então: "Se ao menos a minha mãe tivesse conseguido me ouvir, me aceitar como realmente era, ao invés de sempre querer que eu fosse mais parecida com ela, a minha vida poderia ter sido bem diferente".

Uma mulher chamada Sally contou-nos sobre a briga que teve com a sua mãe quando tinha apenas 5 anos. Sally queria desesperadamente calcinhas com babados e sapatos de verniz sem tiras, mas a mãe se recusou terminantemente a comprá-los. Ela se lembra de se deitar na calçada e chorar de forma histérica porque a sua mãe não queria nem começar a explicar por que ela não poderia ter aqueles sapatos e aquelas calcinhas. Em vez disso a sua mãe saiu irritada, dizendo: "Eu não tenho a mínima ideia de como lidar com você". E isso foi o começo de uma vida inteira de desentendimentos entre Sally e a sua mãe. Tudo o que ela queria era que a mãe dela a ouvisse — ou ao menos tentasse, só um pouco, entender os sentimentos por trás do seu pedido. Mas a sua mãe não sabia ouvi-la, e ela certamente não era capaz de entender que havia muito mais por trás dessa choradeira histérica do que a necessidade de possuir sapatos adultos e calcinhas com babados.

"Por causa da forma como a minha mãe lidava comigo, eu simplesmente não havia sido treinada para ouvir", disse Sally, "e agora, anos depois, ainda estou tentando acertar com a minha própria filha. Eu me esforço muito para não prejulgar, ouvir cuidadosamente o que ela está pedindo, tentar entender o que ela está sentindo, e apoiá-la mesmo quando discordo totalmente com o ponto de vista dela. Isso não tem sido fácil, mas eu sei que me esforçar para ser sensível ao que ela está dizendo me ajudou a me tornar uma mãe melhor do que a minha mãe foi para mim".

Elaine tem outra história para contar. Por incrível que pareça, ela sempre se sentiu tão amada e querida pela mãe que, mesmo quando estava enfrentando um divórcio terrível aos 40 anos de idade, nunca duvidou de si mesma ou da sua habilidade de lidar com qualquer situação que a vida lhe oferecesse. "O amor da minha mãe era como um escudo protetor", disse. "Minha mãe fez com que me sentisse inteligente, forte e competente, mesmo quando cresci e percebi que estava quase 10 quilos acima do peso e que muitas mulheres eram mais bonitas, ricas e tinham mais sucesso do que eu, isso não importava. Nunca me senti sozinha ou insegura quando adulta porque a minha mãe me fez acreditar que eu era a mais esperta, mais legal, e também a melhor menina do mundo, e sabia que a minha mãe nunca mentiria para mim."

Nós pedimos que centenas de mulheres jovens e não tão jovens examinassem os seus corações e nos falassem sobre todos aqueles sentimentos que elas nunca conseguiram transmitir para as suas mães. O que nós encontramos foi um transbordamento de amor e saudades, de dor e de cuidado.

Se as nossas mães foram carinhosas e nos aceitaram, imprevisíveis e críticas, ou alguma combinação dessas coisas, o fato é que muito de quem nós somos hoje provém do nosso relacionamento com elas. As nossas mães fazem parte de nós da mesma maneira que nós somos, ou éramos, parte delas. É apenas por meio do reconhecimento da influência que as nossas mães tiveram sobre nós que podemos colocar isso na perspectiva correta e nos libertar para nos tornarmos mulheres saudáveis, amorosas, independentes, adultas.

Ao falarmos com centenas de filhas sobre os seus sentimentos pelas suas mães, ficamos surpresas em ouvir com que frequência mulheres sentiam que havia tanta coisa que gostariam de ter falado — tantas emoções, positivas e não tão positivas, que elas gostariam de ter conseguido expressar. Mesmo para muitas que ainda vivem em casa com os pais, ou cujas mães moram no mesmo bairro, muitas vezes havia uma grande diferença entre o que sentiam e o que elas conseguiam dizer para as suas mães.

Toda mãe é também uma filha, e muitas vezes é somente quando a filha se torna mãe que ela consegue ver o relacionamento de outra forma. Este é um livro para nós, para todas nós, filhas, independente da nossa idade, do nosso relacionamento com a nossa mãe, ou, ainda, de ela estar viva ou não. Esta obra é uma celebração à maternidade e ao papel da filha em toda a sua riqueza e complexidade. Ela foi feita para tocar os corações de todas as mães e filhas ao redor do mundo.

"A biologia é o que menos importa
para alguém se tornar mãe."

— *Oprah Winfrey*

Mãe, eu sempre quis que você soubesse...

Por mais que pareça que não a estou ouvindo,
a sua voz é a primeira que ouço.

Você é a melhor Mãe...

Perdoa-me por ter zombado de você aquela vez em que dançou em volta da mesa e cantou, ao som dos Rolling Stones, no rádio.

Mãe, eu sempre quis que você soubesse...

Você é a pessoa em quem
eu realmente, realmente, *confio.*

Mãe, eu sempre quis que você soubesse...

O que eu mais gostava, enquanto crescia, era voltar para casa, após o colégio, e saber que você pararia tudo que estava fazendo para ouvir sobre o meu dia, mesmo que estivesse provavelmente entediada com as minhas histórias intermináveis sobre quem havia me maltratado naquele dia.

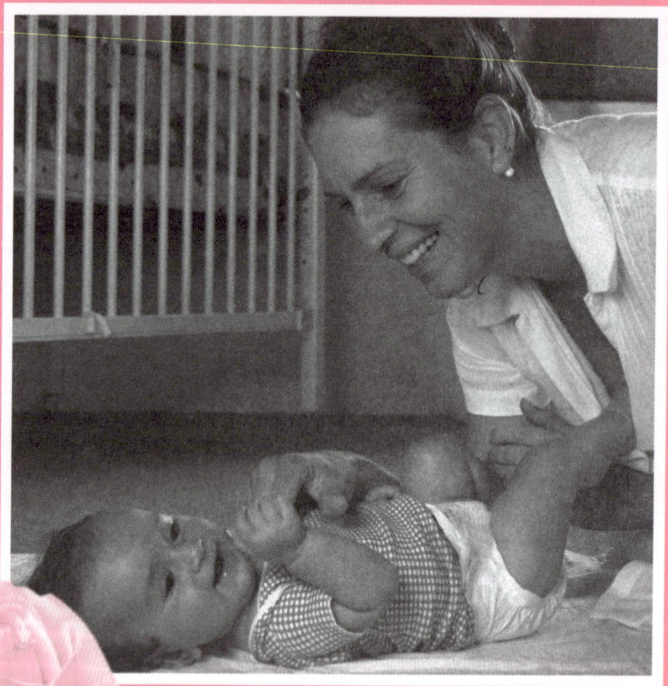

"Eu tenho uma visão muito prática sobre criar filhos. Coloco um aviso no quarto de cada um escrito: *check-out** aos dezoito anos."

— *Erma Bombeck*

* O termo *check-out* significa: fazer registro de saída. É um termo comum em hotéis. Nesse caso, é sair de casa. (Nota do tradutor — N. do T.)

Mãe, eu sei que você quer o melhor para mim...

Levei anos para perceber que, quando você dizia que eu estava com uma cara cansada ou que o meu cabelo estava sujo, fazia isso por *amor,* não para me criticar.

Mãe, eu sempre quis que você soubesse...

Um abraço é realmente um abraço
quando você *aperta bem forte*.

Mãe, eu sempre quis que você soubesse...

Às vezes você se pergunta por que falo alto quando estamos conversando. Simples: eu preciso ter certeza de que *está me ouvindo*.

Mãe, eu sempre quis que você soubesse...

A sua *aprovação* significa tudo para mim,
Então, por favor, não subestime o quanto
eu sofro com a sua desaprovação.

"Todo besouro é uma gazela
aos olhos da sua mãe."

— *Provérbio Mouro*

Mãe, eu sempre quis que você soubesse...

Mesmo nas ocasiões em que as coisas eram muito difíceis para você, eu sempre sentia o quanto *me amava*.

Você é a melhor Mãe...

Agora que sou uma *adulta*, prefiro não pensar tanto em você como uma mãe, mas mais como uma consultora.

Mãe, eu sempre quis que você soubesse...

Você sempre foi o banco onde depositei todos os meus *medos* e as minhas decepções.

Mãe, eu sempre quis que você soubesse...

Quando eu estava na escola sempre tive ciúmes porque você era muito popular com as minhas amigas.

Agora tenho orgulho.

"Gerações após gerações de mulheres prometem que vão educar suas filhas de outra forma, somente para constatar depois que elas crescem e dizem fervorosamente a mesma coisa."

— *Elizabeth Debold*

Mãe, eu sempre quis que você soubesse...

Adoro quando você se *orgulha* de mim.

Você é a melhor Mãe...

É maravilhoso que você seja tão independente, mas adoro quando pede ajuda. Faz com que eu sinta que você ainda precisa de mim, como *preciso de você.*

Mãe, eu sei que você quer o melhor para mim...

Eu sei que o meu estilo de vida pode não ser exatamente *o que você esperava,* mas realmente sou grata por você nunca ter me cobrado por causa disso.

Mãe, eu sei que você quer o melhor para mim...

Simplesmente saber que você sempre está presente faz com que me sinta completamente (bom, quase completamente) *segura e protegida.*

"Tomar a decisão de ter um filho é monumental.
É decidir ter o seu coração andando por aí,
fora do seu corpo, para sempre."

— *Elizabeth Stone*

Você é a melhor Mãe...

Mesmo quando eu era pequena, você sempre *respeitou* a minha dignidade.
Agora sou capaz de fazer isso com os outros.

Mãe, eu sempre quis que você soubesse...

Foram os seus telefonemas diários que, absolutamente, salvaram a minha vida a primeira vez que tive *uma desilusão amorosa*.

Você é a melhor Mãe...

O *maior* presente que você me deu foi a permissão de ser eu mesma.

Mãe, eu sempre quis que você soubesse...

Foi somente quando tive o meu próprio filho que pude apreciar o quão *excepcional* você é.

“Os neuróticos constroem castelos no ar; os psicóticos moram neles. A minha mãe os limpa.”

— *Rita Rudner*

Mãe, eu sei que você quer o melhor para mim...

Eu sei que você sempre me dará bons *conselhos,*
mesmo se, naquele momento, isso me deixar desconfortável.

Mãe, eu sempre quis que você soubesse...

Sempre me surpreendo quando ouço as *suas* *palavras* saírem da minha boca.

Você é a melhor Mãe...

Eu sei que você me ama com *todo o seu coração.*
Espero que você se ame o suficiente.

Mãe, eu sei que você quer o melhor para mim...

O pai sabe melhor, mas a mãe *sabe tudo*.

"A Libertação Feminina é simplesmente um monte de besteira.
São os homens que são discriminados.
Eles não podem dar à luz filhos. E é pouco provável que
alguém vá fazer algo para mudar isso!

— *Golda Meir*

Você é a melhor Mãe...

Você sempre teve uma habilidade misteriosa para *entender* o que eu não era capaz de dizer.

Mãe, eu sempre quis que você soubesse...

Nunca vou esquecer aquela vez que estava chorando porque havia ganhado o meu primeiro par de óculos e me sentia horrível. Você disse que eu parecia "extremamente sofisticada". Aos 5 anos, não tinha a menor ideia do que isso significava, mas *fez com que me sentisse maravilhosa.*

Mãe, eu sei que você quer o melhor para mim...

Eu nunca vou me esquecer do *abraço* que você me deu e das lágrimas nos seus olhos quando eu saí de casa pela primeira vez.

Você é a melhor Mãe...

Quando eu finalmente percebi que você é apenas uma grande *meninninha*, a amei ainda mais.

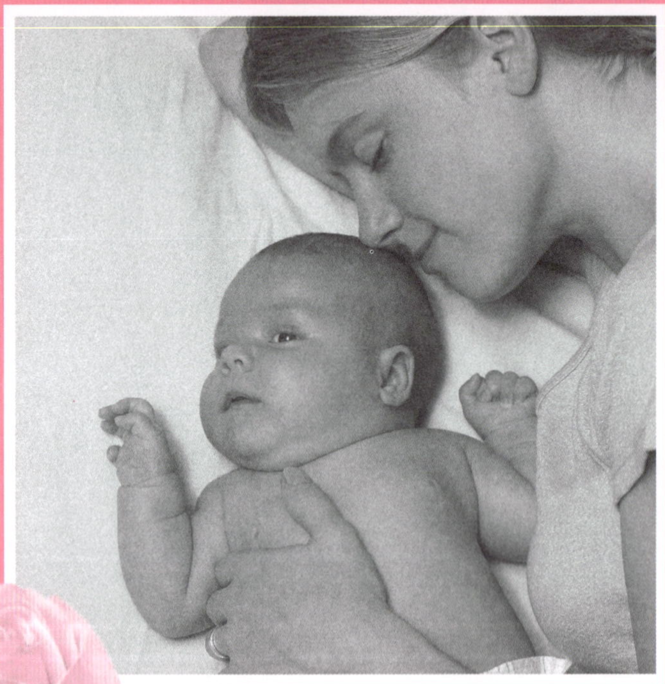

"Qualquer mãe poderia desempenhar o trabalho de vários controladores de tráfego aéreo com facilidade."

— *Lisa Alther*

Mãe, eu sempre quis que você soubesse...

Eu adoro o fato de você chamar os meus cachorros de *cachorros-netos*.

Mãe, eu sempre quis que você soubesse...

Quando eu percebi que talvez *você tinha razão,* os meus próprios filhos me mostravam que tudo que eu fazia estava errado.

Mãe, eu sempre quis que você soubesse...

Eu espero que você perceba que a aceito por quem você é, e que sei que você sempre fez *o melhor que pôde.*

Mãe, eu sei que você quer o melhor para mim...

Você me ensinou que existem três maneiras de fazer algo:
1. Contratar alguém para fazê-lo;
2. Fazê-lo eu mesma;
3. Proibir os meus filhos de fazê-lo.

Funciona!

"Os filhos de uma mãe são retratos dela mesma."

— *Autor desconhecido*

Mãe, eu sei que você quer o melhor para mim...

Quando, na primeira tentativa, eu não obtenho sucesso, tento fazer o que você me mandou fazer em primeiro lugar.

Mãe, eu sempre quis que você soubesse...

Nada me faz mais feliz do que os *seus elogios*.
Nada me machuca mais do que as suas críticas,
mesmo quando você não tem a intenção de me criticar.
Por favor, tente lembrar o quanto eu dou valor
às suas opiniões, e que, no final das contas,
só eu posso me mudar.

Você é a melhor Mãe...

Talvez eu nem sempre goste de você,
mas sempre *a amo*.

Você é a melhor Mãe...

Eu gosto de pensar que cada *confidência* que divido com você será sempre o nosso segredo.

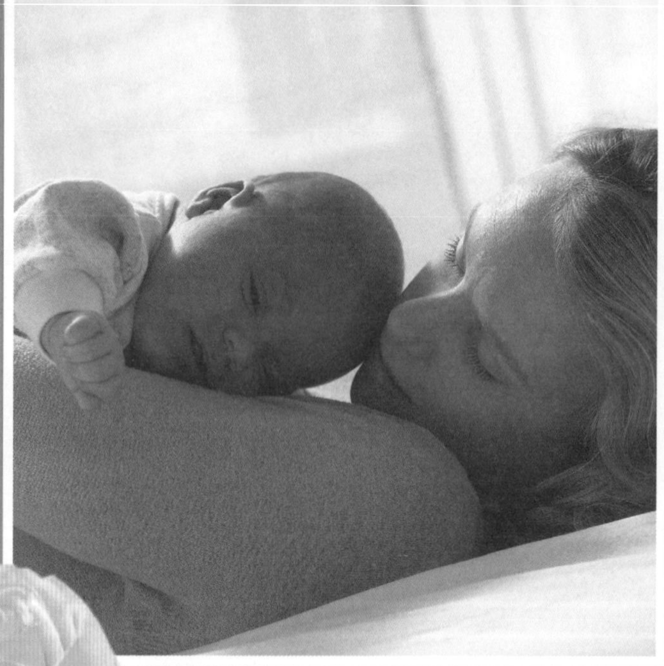

"A maioria de todas as outras coisas lindas na vida vem em dois ou três, em dúzias ou centenas. Muitas rosas, estrelas, pores-do-sol, arco-íris, irmãos e irmãs, tias e primos, colegas e amigos — mas somente uma mãe em todo este mundão."

— *Kate Douglas Wiggin*

Você é a melhor Mãe...

Eu sempre respeitei o seu direito de mentir sobre a sua idade. Mas agora que você é mais nova do que eu, talvez seja o momento de repensarmos isso.

Mãe, eu sempre quis que você soubesse...

Quando eu finalmente percebi que seria exatamente como você quando crescesse, na verdade, fiquei *feliz!*

Você é a melhor Mãe...

Eu sinto que cada dia estou ficando mais *parecida com você.*

Mãe, eu sempre quis que você soubesse...

Mãe, eu me preocupo em não ser uma mãe tão *boa* quanto você foi.

"Crescer não quer dizer nada para uma mãe. Uma criança é uma criança. Elas ficam maiores, mais velhas, mas crescidas? O que isso quer dizer? No meu coração não quer dizer nada."

— *Toni Morrison*

Mãe, eu sempre quis que você soubesse...

Porque você foi uma mãe tão *paciente e sábia,* eu aprendi a ser uma mãe assim também.

Mãe, eu sempre quis que você soubesse...

Eu acho que você deveria saber que *espiei para achar* os presentes de Natal que você achou que tivesse escondido tão bem.

Mãe, eu sei que você quer o melhor para mim...

Espero que você saiba o quão *extraordinária* você realmente é, e nunca ficará contente com menos do que isto.

Mãe, eu sei que você quer o melhor para mim...

Eu finalmente percebi que talvez você não era a única pessoa difícil no nosso *relacionamento*.

Minha mãe costumava dizer: “Aquele que te deixa com raiva, te conquista!” Mas a minha mãe era uma santa.

— *Elizabeth Kenney*

"As mulheres sabem como criar filhos (para serem justos). Elas sabem como amarrar laços com um jeitinho simples e alegre, colocar sapatos de bebê e juntar palavras bonitinhas que não fazem sentido, e com um beijo colocar um significado pleno em palavras vazias."

— *Elizabeth Barrett Browning*

"Com os meus poemas, finalmente
conquistei até a minha mãe.
A paquera mais longa da minha vida."

— *Marge Piercy*

"Quando eu parei de ver a minha mãe com os olhos de uma criança, vi a mulher que me ajudou no meu nascimento."

— *Nancy Friday*

"Eu não posso esquecer a minha mãe. Ela é a minha ponte. Quando precisei atravessar, ela se manteve equilibrada o tempo suficiente para que eu pudesse atravessar correndo com segurança."

— *Rinita Williams*

"Ser mulher envolve bem mais coisas do que ser mãe, mas ser mãe envolve infinitamente mais coisas do que a maioria das pessoas imagina."

— *Roseanne Barr*

“Isso faz parte da essência da maternidade: assistir os seus filhos crescerem, se tornarem pessoas independentes e não poder fazer nada sobre isso. Caso contrário, crianças não seriam nada além de animais de estimação.”

— *Heather Armstrong*

“O mundo está cheio de mulheres surpreendidas pelas demandas incessantes da maternidade, ainda espantadas que uma tarefa pode ser fantástica e tortuosa.”

— *Anna Quindlen*

"Ser uma mãe em período integral é
um dos empregos mais bem pagos na minha área,
pois o pagamento é puro amor."

— *Mildred B. Vermont*

"Quando você é mãe, nunca está realmente sozinha nos seus pensamentos. Uma mãe sempre tem de pensar duas vezes: uma por ela mesma e outra por seu filho."

— *Sophia Loren*

"A maternidade tem um efeito muito humanizador.
Tudo é reduzido ao seu essencial."

— *Meryl Streep*

Mãe, eu sei que você quer o melhor para mim…

Por favor, não faça aquela careta de *"eu lhe falei"* quando eu admito que cometi um erro.

Mãe, eu sei que você quer o melhor para mim…

Apesar de às vezes resistir *aos seus conselhos,*
eu sempre os levo muito a sério.

"Uma mãe é uma pessoa que, vendo que há apenas quatro pedaços de torta para cinco pessoas, prontamente anuncia que ela nunca gostou muito de torta."

— *Tenneva Jordan*

"Comida, amor, carreira, e mães: os quatro principais motivos para sentir culpa."

— *Cathy Guisewite*

"Uma mãe não é uma pessoa da qual devemos depender, mas uma pessoa que faz com que a dependência seja desnecessária."

— *Dorothy Canfield Fisher*

Mãe, eu sei que você quer o melhor para mim...

Mãe, pare de me pressionar para me casar.
Eu preciso de tempo para ver que papel os homens terão na minha vida e como me relacionar com eles antes de embarcar num casamento.
Por favor, pare de me empurrar para o matrimônio.

Mãe, eu sempre quis que você soubesse...

Às vezes acho que você não entende que eu posso amá-la muito, mas ainda preciso ser livre para viver a minha própria vida e cometer *os meus próprios erros.*

Você é a melhor Mãe...

Eu sou quem eu quero ser porque você era
quem você queria ser.

Mãe, eu sei que você quer o melhor para mim...

Eu sei que você não acredita nisso, mas, mãe, *temos gostos diferentes.* Eu não quero sapatos cor-de-rosa, uma tiara, ou qualquer coisa cor de pêssego no meu *closet*.
Se você respeitar o meu gosto, eu prometo nunca mais lhe comprar um *jeans* com cintura baixa.

"Eu pensei sobre todas nós mulheres e como passamos metade do nosso tempo rebelando contra as nossas mães e a outra metade rebelando contra as nossas filhas."

— *Lois Wise*

Mãe, eu sempre quis que você soubesse…

Meu *maior medo* é reconhecer você em mim. Minha *maior alegria* é reconhecer você em mim.

Você é a melhor Mãe...

Você me ensinou que nós todos somos *responsáveis* pela nossa própria felicidade. Quando eu finalmente parei de culpar as outras pessoas, tudo começou a mudar para melhor.

"Deus não podia estar em toda parte,
então Ele criou mães."

— *Provérbio Judeu*

"O que uma criança não recebe dificilmente poderá retribuir depois."

— *P.D. James*

Mãe, eu sempre quis que você soubesse...

Você é a minha heroína.

Eu a amo!

Agradecimentos

Gostaríamos de agradecer às centenas de mulheres pelo país inteiro que dedicaram o seu tempo e esforços para sondar seus corações e dividir conosco os seus pensamentos e sentimentos mais profundos sobre as suas mães. Somos muito gratas pela sua honestidade, sinceridade e franqueza.

Obrigada a todas!

Sobre as autoras

Betty Kelly Sargent

Betty Kelly Sargent, veterana editora de livros e revistas, foi editora-chefe da William Morrow, editora-executiva da HarperCollins, e editora de livros e ficção para a revista *Cosmopolitan* — na qual ela também fazia resenhas bissemanais de títulos de publicações, nos domingos de manhã, para a CNN. Sua obra mais recente é *Beautiful Bones without Hormones*, com Leon Root, MD. Ela tem um casal de filhos, de quem até hoje não recebeu nenhuma grande reclamação.

Betsy F. Perry

Betsy Perry dirige o escritório de Nova York do Instituto Milken. Antes, era produtora de eventos jornalísticos globais e estrategista de marcas para a Bloomberg LP. Anteriormente, foi produtora na Fox Broadcasting e editora sênior da revista *Cosmopolitan*. É mãe de uma filha de quase 30 anos com a qual se fala todos os dias pelo telefone.

Você pode adquirir os títulos da Elevação também pelo *site* e se cadastrar para receber nossos informativos de lançamentos e promoções. Entre em contato conosco:

ELEVAÇÃO

info@elevacao.com.br
www.elevacao.com.br

Cadastro de mala-direta

Nome: ______________________________

Endereço: ______________________________

____

Bairro: ______________________________

Cidade: ______________________ UF: ______

CEP: __________ - __________ Tel.: (____) - ______________

E-mail: ______________________________

Profissão: ______________________________

Nascido em: _____/_____/_____

Sexo: ☐M ☐F

Você compra livros em:

☐ Livrarias ☐ Feiras

☐ Por telefone ☐ Reembolso postal

☐ Internet ☐ Outros: ______________________

____

Onde você comprou o livro

PARA MINHA MÃE... ?

____

____

Rua Doraci, 90 — Bom Retiro
São Paulo/SP — CEP 01134-050
Tels.: (11) 3358-6875 — Fax: (11) 3358-6869

impressão e acabamento:

EXPRESSÃO & ARTE
GRÁFICA

Fones: (11) 3951-5240 / 3951-5188
E-Mail: expressaoearte@terra.com.br
www.expressaoearteeditora.com.br